Un libro ilustrado sobre
Cristóbal Colón

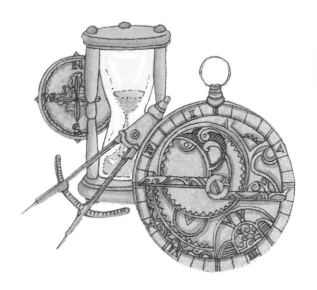

David A. Adler

Ilustrado por John y Alexandra Wallner
Traducción de Teresa Mlawer

Para Samuel Edward Neumark
D.A.A.

Library of Congress Cataloging-in-Publication Data
Adler, David A.
[Picture book of Christopher Columbus. Spanish]
Un libro ilustrado sobre Christóbal Colón / David A. Adler ;
ilustrado por John y Alexandra Wallner ; traducción de Teresa
Mlawer.
p.   cm.
Translation of: A picture book of Christopher Columbus.
Summary: A brief account of the life and accomplishments of
Christopher Columbus.
ISBN 0-8234-0981-3
1. Columbus, Christopher—Pictorial works—Juvenile literature.
2. Explorers—America—Pictorial works—Juvenile literature.
3. Explorers—Spain—Pictorial works—Juvenile literature.
[1. Columbus, Christopher.   2. Explorers.   3. Spanish language
materials.]   I. Wallner, John C., ill.   II. Wallner, Alexandra,
ill.   III. Title.
E111.A2718   1992   92-70752   CIP   AC
970.01′5—dc20
ISBN 0-8234-0981-3
ISBN 0-8234-0990-2 (pbk.)

Cristóbal Colón nació en Génova, Italia, en 1451. Sus padres fueron Susana y Doménico Colombo. Doménico era un tejedor artesano. Susana era la hija de un tejedor.

Génova, ciudad de grandes navegantes, está situada en la costa del Mar de Liguria, en el Mediterráneo. Cuando Cristóbal y otros genoveses contemplaban el mar, les parecía infinito.

Cristóbal era un joven alto, de cara fina y llena de pecas. Trabajaba en el taller de su padre, pero soñaba con viajar por mar.

Cuando Cristóbal era aún joven, hizo varios viajes cortos por mar. De mayor, trabajó como marino.

En 1476, cuando tenía veinticinco años, Cristóbal navegaba a bordo de uno de los barcos que formaba parte de una flota con destino a Inglaterra, cuando fueron atacados por corsarios franceses y el barco donde viajaba naufragó. Cristóbal, herido, se lanzó al mar. Se aferró a un remo que flotaba en el agua y llegó nadando a la costa más cercana.

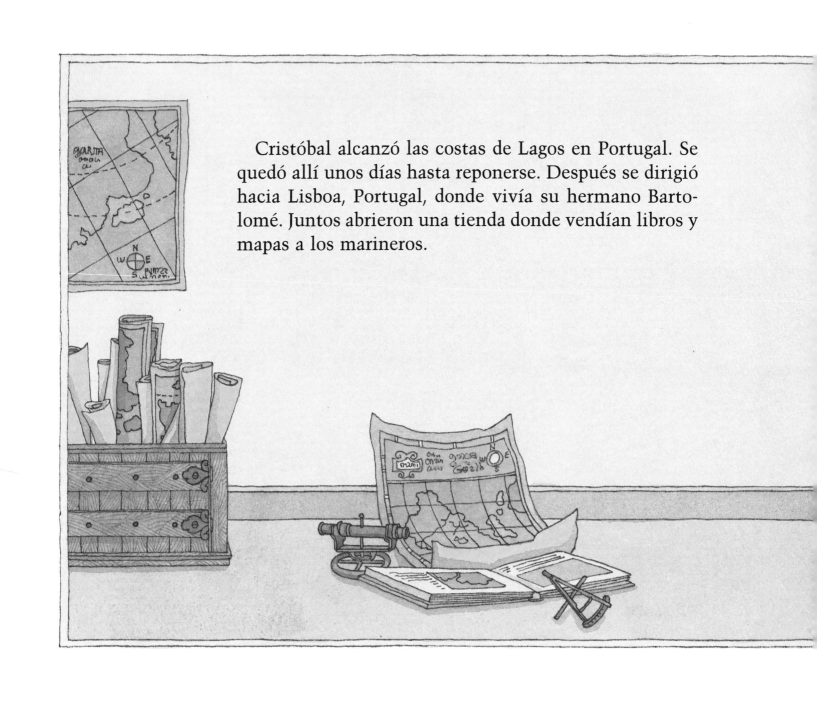

Cristóbal alcanzó las costas de Lagos en Portugal. Se
quedó allí unos días hasta reponerse. Después se dirigió
hacia Lisboa, Portugal, donde vivía su hermano Bartolomé. Juntos abrieron una tienda donde vendían libros y
mapas a los marineros.

En Lisboa, Cristóbal se casó con doña Felipa Moñiz de Perestrello, hija de una familia influyente. Tuvieron un hijo al que llamaron Diego.

En Portugal, se comentaba la posibilidad de navegar en dirección este, bordeando la costa de África, hacia las Indias, donde podrían obtener valiosas joyas y especias.

Cristóbal Colón, al igual que la mayoría de las personas de su época, creía que la Tierra era redonda, pero desconocía su tamaño. Sólo se había viajado en dirección este para llegar a las Indias. Colón estaba convencido de que podía llegar más rapidamente a la India navegando en dirección oeste.

Colón pidió al rey Juan II de Portugal tres barcos para llevar a cabo su expedición, pero éste rechazó su petición.

El hermano de Colón, Bartolomé, solicitó ayuda a los reyes de Francia e Inglaterra. Les pidió las naves que Colón necesitaba para navegar rumbo al oeste, pero le negaron la ayuda también.

La esposa de Colón, Felipa, murió, y él se fue a vivir a España. Allí conoció a Beatriz Enríquez de Harana, hija de campesinos españoles, con la que tuvo un hijo que llamaron Fernando.

Colón les pidió a los reyes de España, Fernando e Isabel, si podían darle el dinero y los barcos que necesitaba para su viaje. Pero ellos tampoco estaban en condiciones de ayudarle en ese momento.

Por fin, en 1492, después de muchos años de espera, el rey y la reina de España finalmente accedieron a ayudarle. Le dieron tres carabelas: *la Pinta*, *la Niña* y *la Santa María* y una tripulación de aproximadamente noventa hombres.

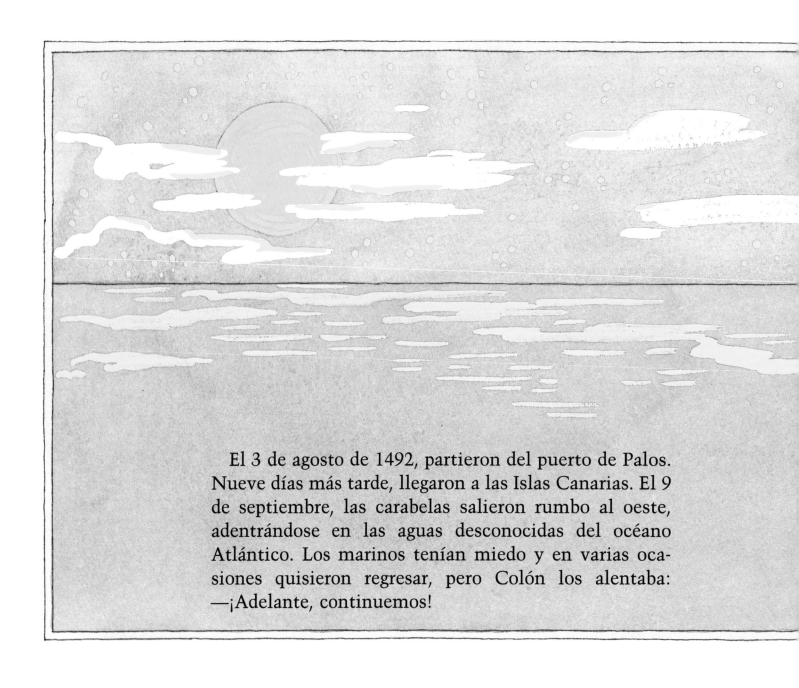

El 3 de agosto de 1492, partieron del puerto de Palos. Nueve días más tarde, llegaron a las Islas Canarias. El 9 de septiembre, las carabelas salieron rumbo al oeste, adentrándose en las aguas desconocidas del océano Atlántico. Los marinos tenían miedo y en varias ocasiones quisieron regresar, pero Colón los alentaba:
—¡Adelante, continuemos!

En la primera semana de octubre, los hombres vieron aves y otras señales de tierra. El 12 de octubre, divisaron tierra por primera vez, una isla al sureste de la Florida.

Cristóbal Colón y sus hombres desembarcaron en la costa. Colón colocó una bandera en la arena y tomó posesión de la isla en nombre de España. La llamó San Salvador.

Colón regaló a los nativos de la isla gorros y collares de brillantes colores. Como pensó que había llegado a la India, llamó a los nativos, indios. Pero en realidad, había llegado a América: al Nuevo Mundo.

En marzo de 1493, Cristóbal Colón regresó a España, llevando alhajas de oro, pájaros y algunos indios. Dejó en el Nuevo Mundo, en busca de oro, a algunos de los hombres que lo habían acompañado en el viaje.

Colón fue recibido como un héroe por el pueblo español. El rey Fernando y la reina Isabel lo nombraron Almirante de la Mar Océano.

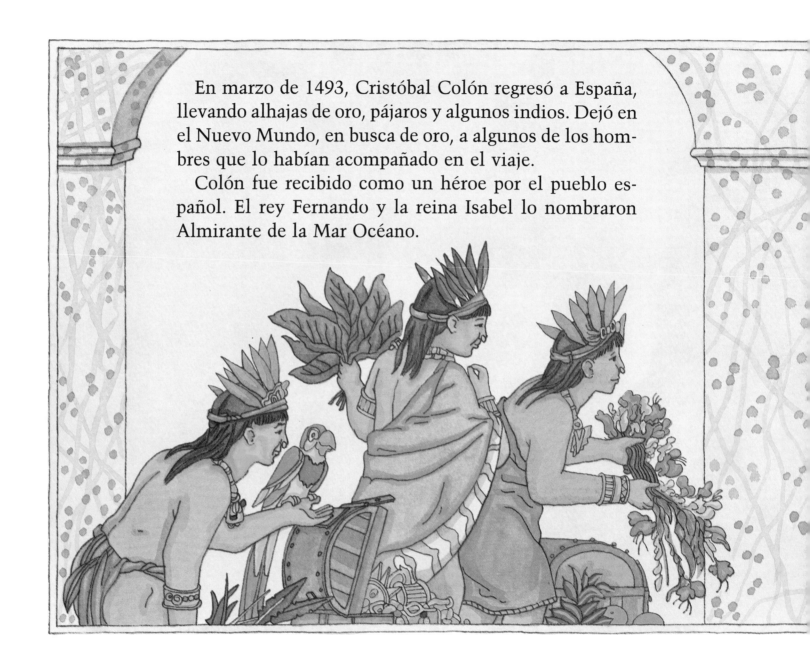

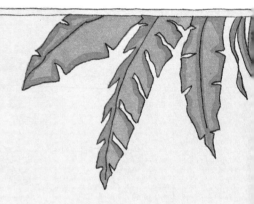

En septiembre de 1493, Cristóbal Colón partió rumbo al oeste nuevamente. Esta vez al mando de diecisiete barcos y más de mil hombres.

Colón se enteró que los hombres que había dejado en la isla en el primer viaje, habían sido crueles con los indios y éstos, en represalia, les habían dado muerte a todos.

Encontró otras islas. Estableció una colonia en La Española, una de las islas más grandes que había descubierto, y la nombró La Isabela, en honor a la reina de España.

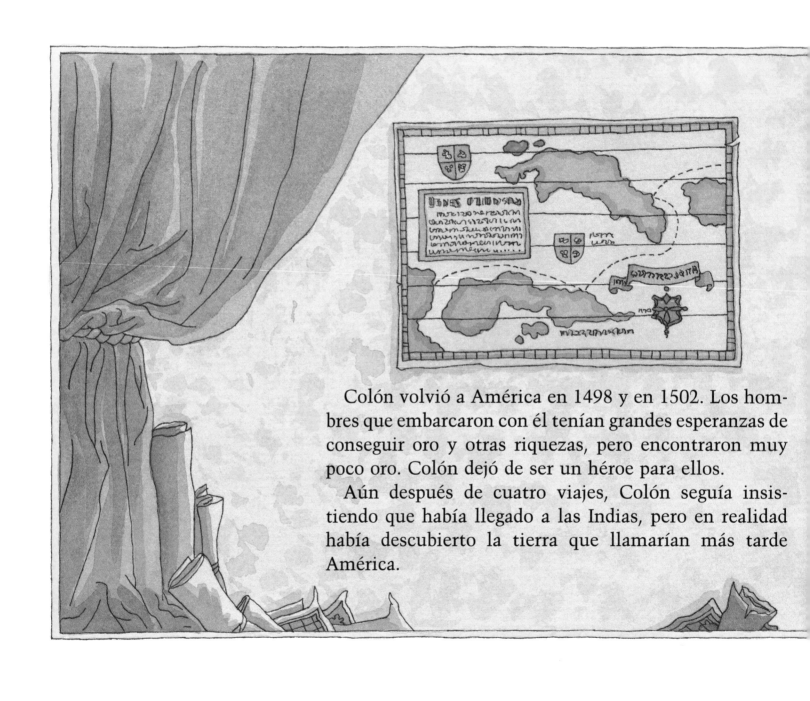

Colón volvió a América en 1498 y en 1502. Los hombres que embarcaron con él tenían grandes esperanzas de conseguir oro y otras riquezas, pero encontraron muy poco oro. Colón dejó de ser un héroe para ellos.

Aún después de cuatro viajes, Colón seguía insistiendo que había llegado a las Indias, pero en realidad había descubierto la tierra que llamarían más tarde América.

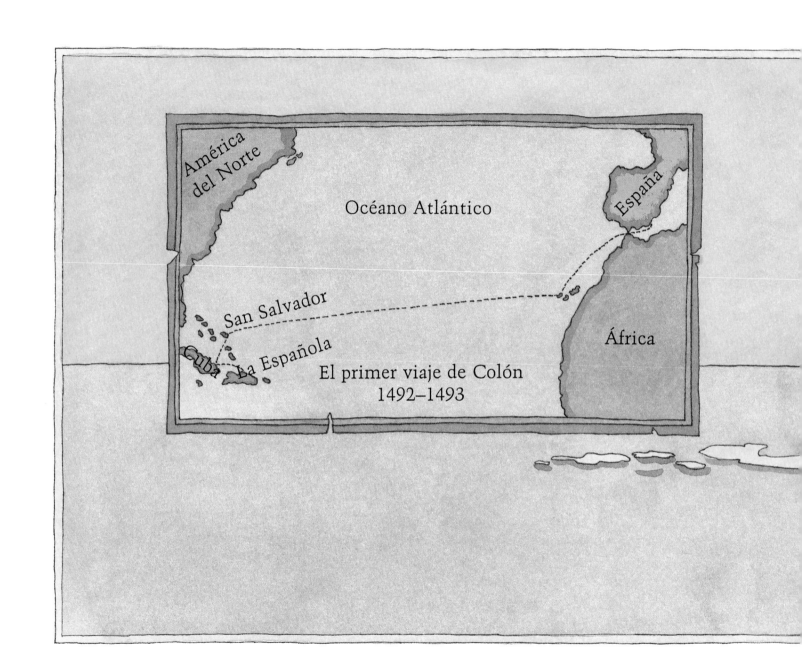

América del Norte

Océano Atlántico

España

San Salvador

Cuba

La Española

África

El primer viaje de Colón
1492–1493

Cristóbal Colón falleció en Valladolid, España, el 20 de mayo de 1506. Había sido un gran navegante, capaz de seguir una ruta por aguas totalmente desconocidas y regresar a Europa. Había descubierto el Nuevo Mundo.

FECHAS CLAVES

1451	Nace en Génova, Italia.
1476	El barco donde navega es atacado. Llega nadando hasta las costas de Lagos, Portugal.
1479	Se casa con doña Felipa Moñiz de Perestrello.
1480	Nace su hijo Diego.
1486	Solicita ayuda del rey Fernando y la reina Isabel para financiar su viaje. En enero de 1492, ellos deciden ayudarlo.
1488	Nace su hijo Fernando.
1492	Parte del puerto de Palos, España, el 3 de agosto.
1492	Llega a América el 12 de octubre.
1493–1496	Segundo viaje a América.
1498–1500	Tercer viaje a América. Colón llega a las costas de Sur América.
1502–1504	Cuarto viaje.
1506	Cristóbal Colón muere el 20 de mayo, en Valladolid, España.